AF408086

Guajiro
yo que. . .

Guajiro
yo que...

Los Ortega:
Gaspar, Osmany y Joel

Editorial Voces de Hoy

Guajiro yo que…
Primera edición, 2020

Revisión: *Efraín Riverón*
Edición, diseño interior y diagramación: *Josefina Ezpeleta*
Diseño de cubierta: *Rusela H.*

© Gaspar Ortega, Osmany Ortega y Joel Ortega, 2020
© Sobre la presente edición: Editorial Voces de Hoy, 2020

ISBN: 979-8679633797

Editorial Voces de Hoy
Miami, Florida, EE.UU.
www.vocesdehoy.net

JUAN CRISTÓBAL NÁPOLES FAJARDO, «EL CUCALAMBÉ»
(de «La primavera»)

Los invito…

Gaspar Ortega es un hombre puro; un guajiro de 93 años de una calidad humana incomparable, al cual admiro y quiero como a un padre. Junto a su esposa Ramona ha mantenido el alma de un poeta guajiro, criollo y natural como el agua de los ríos.

En este libro unió esfuerzos, voluntad e inspiración con su hijo Osmany Ortega, guajiro como él y muy especial, con el mismo don del verso. «De tal palo tal astilla», como dice el refrán, y ambos logran expresar las vivencias y recuerdos de su entorno campesino en las tierras del Cayuco, en su provincia de Pinar del Río.

Al comienzo de esta obra paisajista y verde como las palmas, disfrutarán de las décimas del también hijo y decimista Joel Ortega, que además de ejercer las letras y soñar con la poesía, es médico de profesión y responsable de la publicación de este cuaderno de décimas, junto al poeta y escritor Efraín Riverón, la mente organizadora de esta humilde y campesina entrega a tres manos de los Ortega, padre e hijos.

Los invito a beber en las aguas sonoras, limpias y claras de este sentir y decir rural.

Roberto García

DÉCIMAS DE JOEL ORTEGA

Es como la palma real
el famoso gallo fino,
que alegra nuestro camino
con lindo canto rural.
No hay quien pueda ser igual
en belleza y valentía,
y nosotros hoy en día
a las lidias lo llevamos
escondido y lo peleamos
sin la debida alegría.

Gallo de lidia es decir
alegría campesina.
Tabaco, laúd, cocina,
café criollo al hervir.
Es como ponerse a oír
el canto de algún sinsonte.
Es mirar al horizonte
viendo el sol enrojecer
y es como ponerse a oler
el dulce aroma del monte.

Para el guajiro impoluto
que trabaja cada día,
no ver el gallo en la cría
es estar todo de luto.
Porque aunque recoja el fruto
de su tierra cultivada,
y aunque salga la alborada
soltando el zorzal el trino,
si no tiene un gallo fino
refleja no tener nada.

Tradición de tradición
sigue siendo el gallo fino,
el más añejado vino
de nuestra bella nación.
No existe comparación
que compita con el gallo,
y al empezar el ensayo
olvidamos el boxeo,
la pelota y el rodeo,
y el galope del caballo.

**DÉCIMAS DE GASPAR
Y OSMANY ORTEGA**

1

Guajiro yo que montaba
en caballito de palos
y entre breves intervalos
por el campo cabalgaba,
y cuando se me cansaba
de correr entre mis pies,
lo paraba de una vez
y después que lo paraba,
en el portal lo amarraba
para montarlo después.

2

Guajiro yo que le hacía
trampas a los cimarrones,
por estrechos callejones
que eran del monte la vía.
Guajiro yo que corría
con los perros al venado,
que arisco y desesperado
atravesaba el lindero,
logrando llegar primero
que el proyectil despiadado.

3

Guajiro yo que le sé
los vericuetos al trillo
y encima del espartillo
muchas veces retocé.
Guajiro yo que llené
de fango los pantalones,
en aquellos callejones;
que en los mismos temporales
simulaban manantiales
como rotos corazones.

4

Guajiro yo que le hacía
trampas a los tomeguines
y con las jaulas de güines
me pasaba casi el día.
Guajiro yo que a la cría
le encontré un nuevo secreto.
Guajiro por el respeto
que me enseñó mi papá
y lo mismo aquí que allá
soy un guajiro completo.

5

Guajiro yo que empinaba
un papalote en el llano,
hecho con tallo de guano
o de fina caña brava.
Guajiro yo que encontraba
donde bebía el colibrí…
Soy guajiro, soy así,
hecho a guateque y batey,
con sombrero de yarey
y la pluma de Martí.

6

Guajiro yo que al bohío
le hice el penacho de yagua,
para que en el tiempo de agua
se protegiera del frío.
Guajiro yo que en el río
muchas veces me bañé.
Guajiro como el café
que adora el pueblo cubano
y guajiro como el llano
que con los bueyes aré.

7

Guajiro yo que nací
entre vacas y caballos,
entre gallinas y gallos,
entre paloma y totí.
Guajiro yo que crecí
junto a las ramas del monte,
guajiro como el sinsonte
cantor del campo cubano
y guajiro como el guano
que se ve en el horizonte.

8

Guajiro yo que a la luna
he visto en cuarto menguante,
con pasos de caminante
en una noche montuna.
Que hermosa como ninguna
se oculta en el lomerío,
y se introduce en el río
sin mojarse el colorete,
como si fuese un arete
rodando por el bajío.

9

Yo le conozco el hollín
a la lámpara chismosa,
también conozco la rosa
más hermosa del jardín.
Yo detecto al hombre ruin
rápido como un suspiro,
y conozco al gallo giro
como a la leche y al queso;
y yo sé de todo eso
solo porque soy guajiro.

10

Guajiro yo que encontré
donde anida el tocororo
y vi enfurecido el toro
que en la manigua enlacé.
Guajiro yo que escuché
el canto de la tojosa,
y he visto al aura tiñosa
surcar el aire en caída,
hasta encontrar la comida
descompuesta y apestosa.

11

Guajiro yo que al hurón
perseguí hasta su guarida,
robándose la comida
envuelta en un cascarón.
Guajiro yo que al ciclón
bajo el guano combatí.
Guajiro yo que crecí
junto a la palma y el gallo
y guajiro como el tallo
esbelto del guaguasí.

12

Guajiro yo que tenía
una yunta de botellas,
que andaba las tardes bellas
conmigo la sitiería.
Y cuando me decidía
a soltarla en el potrero,
veía la luz del lucero
que empezaba a pestañar,
como queriendo alumbrar
todo el cristal de su cuero.

13

Guajiro yo que vivía
justo a la orilla del monte,
donde cantaba el sinsonte
frente a la ventana mía.
Guajiro yo que corría
descalzo por el camino.
Guajiro por el destino
que en la vida me tocó.
Guajiro como el cocó,
el porrón y el gallo fino.

14

Guajiro yo que enlazaba
con hilos las lagartijas
y el guano de las cobijas
cuje a cuje lo amarraba.
En la solera colgaba
la vaina con el machete,
y de un gastado taburete
me levanté sin desmayo,
para ensillar el caballo
y convertirme en jinete.

15

Guajiro yo que el boniato
encontré en la cuarteadura
rompiendo la tierra dura
prensada por el zapato.
En la casa un perro sato
me esperaba con esmero,
y como un guardián sincero
en la puerta se paraba
y los boniatos *fildeaba*
lo mismo que un pelotero.

16

Guajiro yo que sacaba
los gallos a tomar sol
y encontraba el caracol
que en la yerba se ocultaba.
La hojarasca revolcaba
la gallina haciendo ruido;
y por él fui dirigido
en mi campesina norma,
encontrando de esa forma
por el cacarear, el nido.

17

Guajiro yo que sentí
caer la lluvia en el guano
y el relámpago en el llano
pasar muy cerca de mí.
Picando la tierra vi
el hocico del arado,
y vi el pico jorobado
de la cotorra en su vuelo,
tirando alegre hacia el suelo
la fruta que había trozado.

18

Guajiro yo que al judío
—vocero de las sabanas—
perseguí por las mañanas
empapado de rocío.
Que escondido en el macío
encontré la gallareta,
que moviendo el agua inquieta
por el río se paseaba
y como un buzo esquivaba
los tiros de la escopeta.

19

Guajiro yo que miré
al gato tras un ratón,
corriendo sobre el fogón
donde colaba el café.
Guajiro yo que amarré
el caballo en el potrero,
y vi menguar el sendero
bajo mis firmes pisadas,
en aquellas madrugadas
bajo la luz del lucero.

20

Guajiro yo que pescaba
la trucha en el arroyuelo,
que tapándole el anzuelo
con la lombriz la engañaba.
Guajiro yo que sembraba
yuca, malanga y maíz.
Guajiro entre la matriz
de los elevados montes
y escuchando los sinsontes
era mucho más feliz.

21

Guajiro yo que he vivido
rodeado por el ramaje
y vi abandonar el traje
al majá y seguir vestido.
Guajiro yo que en un nido
de paloma merendé.
Guajiro yo que corté
leña para hacer carbón
y el líquido del porrón
en mi boca derramé.

22

Guajiro yo que jugaba
«kimbumbia», cachumbambé
y en una güira el café
sorbo a sorbo me tomaba.
Guajiro yo que ordeñaba
la vaca al amanecer,
y ella con mucho placer
me la daba con esmero,
pero la de su ternero
siempre la supo esconder.

23

Guajiro yo que llegué
donde la «carabalí»
como un monito «tití»
boca abajo la encontré.
Guajiro yo que miré
más de un árbol del lindero
con un profundo agujero
abierto de piel a masa,
diciendo que era la casa
del pájaro carpintero.

24

Guajiro yo que pescaba
biajacas en los arroyos
y alimentando los pollos
mucho tiempo me pasaba.
Guajiro yo que cazaba
«negritos» en el potrero,
y con el toro cerrero
muchas veces batallé
hasta que al final logré
convertirme en carretero.

25

Guajiro yo que vi al gato
detrás de una lagartija
y el guano de la cobija
discutir con el zapato.
Guajiro yo que vi el pato
nadando en el arroyuelo;
lo vi pescar con desvelo
biajacas y guajacones,
sofises y camarones
sin utilizar anzuelo.

26

Guajiro yo que en el chico
interior de un huevo vi,
cómo un bebé colibrí
lo rompía con el pico.
Simulando un abanico
la madre revoloteaba,
la bienvenida le daba
todo el mundo de las flores,
porque por los libadores
la flor el fruto cuajaba.

27

Guajiro yo que corría
descalzo por el potrero,
al caer el aguacero
con muchísima alegría
Un gallo fino en la cría
cantaba en la guardarraya,
cual si estuviera en la valla
junto al dueño como un santo,
y anunciara con su canto
el fragor de la batalla.

28

Guajiro yo que al sinsonte,
violinista del camino,
escuché unir con su trino
a los árboles del monte.
Y al sol en el horizonte
que es el astro que más brilla.
Sacar su lengua amarilla
que tanto vapor encierra
y del vientre de la tierra
hacer brotar la semilla.

29

Quisiera ver los cocuyos
que un día jugar te vieron
y las palmeras que unieron
los palmares con arrullos.
Ver allí los pasos tuyos
que marcaste en el camino,
como un viajero cansino
al terminar la jornada
y oír en la madrugada
el canto del gallo fino.

30

Guajiro yo que en el llano
tuve la casa primera,
con costillas de madera
y el pelo de verde guano.
Guajiro yo que en el grano
la cosecha aseguré.
Guajiro yo que le hallé
la cueva a la bibijagua
y montado en una yagua
desde una loma bajé.

31

Guajiro yo que monté
en mi niñez a caballo
y de oír cantar el gallo
a veces me desvelé
Y esto que te contaré
pregúntale a mi papá
y nunca te engañará
porque es sincero y genuino,
que yo dije gallo fino
antes de decir mamá.

32

Guajiro yo que al caballo
miré en el camino real,
calcar la última vocal
a velocidad de un rayo.
Guajiro yo que a mi gallo
cuidé para la batalla,
y cuando listo se halla
para el combate entablar,
lo llevo para luchar
entre espuelas, valla y valla.

33

Hijo de Pinar del Río
entre coyunda y *balsón*,
entre yugo y carretón,
entre tabaco y bohío.
Entre llano y lomerío,
entre palmera y jiquí.
De allí, yo vine de allí,
de donde canta el sinsonte,
que halla refugio en el monte
y le pregunta por mí.

34

Cuando hay un gallo en la valla
si es bonito y con coraje,
impresiona hasta su traje
al contrario en la batalla.
Contento porque se halla
que es el dueño del recinto,
donde canta el gallo pinto
poniendo inquieto al canelo,
y el giro retando a un duelo
al *malatovo* retinto.

35

Yo como buen campesino
después de llover un rato,
le arranco con el zapato
los pellejos al camino.
Del sinsonte escucho el trino
melodioso en el lindero,
y posado en un madero
hasta en el gajo más chico
escucho sonar el pico
del pájaro carpintero.

36

Cuando tienes una cría
con muchísimos colores,
nunca serán los mejores
gallos en la gallería.
Así siempre me decía
y recalcaba mi abuelo,
que criaba con recelo
gallos de mucho valor,
siempre buscando el color
indio, cenizo o canelo.

37

Guajiro yo que vi el río
al caer el aguacero,
atravesar el potrero
hasta llegar al bohío.
Igual que un potro con brío
lo vi pasar imponente,
y vi sacudirse el puente
bajo la luz de la luna,
como intentado hacer una
gárgara con la corriente.

38

Guajiro yo que corría
descalzo por el camino,
sobre mi potro más fino
de una rama de baría.
Cabalgando día a día
atravesaba el atajo.
Sin pasar mucho trabajo
cruzaba como un zumbido
con el casco adolorido
por el diente del cascajo.

39

Yo he visto una mariposa
volando de flor en flor,
para extraer el mejor
perfume de rosa en rosa.
He visto como se posa
en un gajo a descansar,
y su vida terminar
dejando en forma de huevo,
asegurado el relevo
para el ciclo continuar.

40

Guajiro yo que enyugué
los bueyes de madrugada
y a aquella tierra empostada
el traje se lo cambié.
Guajiro yo que enlacé
el caballo en el potrero,
y partí por el sendero
bajo la mañana opaca,
para robarle a la vaca
la merienda del ternero.

40

Recorriendo los caminos
engorrosos que yo anduve
bajo la más prieta nube
desatando torbellinos.
Entre los frondosos pinos
paso a paso caminé,
y un día me detendré
al final del recorrido,
al pie de un árbol florido,
de un árbol florido al pie.

42

Guajiro yo que al carbón
lo miré arder en la hornilla,
y al gato rascar la quilla
del balancín del sillón.
Recostado en un horcón
escuché al perro ladrar,
poniéndose a meditar
después de observar un rato,
con el ojo del olfato
quién lo viene a visitar.

43

Guajiro yo que el camino
recorrí paso por paso
y debajo del caguaso
vi esconderse al gallo fino.
En un río cristalino
vi naufragar una yagua,
y el sol, gigantesca fragua
como un soldado en el cielo,
para alumbrar el anzuelo
cortando el cristal del agua.

44

Guajiro yo que corrí
el caballo en las llanuras,
rompiendo las piedras duras
del barrio donde nací.
Algunas veces lo vi
dolido del acicate,
y bajo del aguacate
lo descansaba un ratito,
para robarle al caimito
un bombón de chocolate.

45

Donde el hombre y la guataca
parecen un camellón,
tirando del narigón
traigo al hijo de la vaca.
Amarrado de una estaca
lo dejé allá en el potrero,
cuando el primer aguacero
mató el polvo del camino
y un cansado campesino
descansó sobre su cuero.

46

Yo fui un guajiro feliz
cuando detrás del arado,
iba dejando labrado
el hogar de la lombriz.
Llenando de cicatriz
la tierra a cada minuto,
en un trabajo impoluto
de remover bien la arcilla,
para sembrar la semilla
que después daría su fruto.

47

Guajiro yo que bebía
agua fresca de un porrón
y en el viejo barracón
descansaba el mediodía.
Dentro de la surquería
siempre andaba jorobado,
y un buey viejo renegado
caminaba con sigilo,
como si le huyera al filo
de la reja del arado.

48

Guajiro yo que la rosa
buscaba por la fragancia
y vi menguar la distancia
volando una mariposa.
Planeando una aura tiñosa
estaba en el firmamento,
y de un brusco movimiento
vi formarse un remolino,
con el polvo del camino
azotado por el viento.

49

Guajiro yo que al guisaso
lo trasladé por el trillo,
aferrado al dobladillo
como dándole un abrazo.
Guajiro yo que el caguaso
con el arado arranqué…
Guajiro yo que ordeñé
la vaca al amanecer,
para con mucho placer
desayunar con café.

50

Guajiro yo que vi al rayo
dándole un golpe mortal,
a una hermosa palma real
dejando sin techo al tallo.
Guajiro yo que vi al gallo
escarbando en el bajío,
y al llover he visto al río
arrastrando su caudal,
lengua larga de cristal
bajando del lomerío.

51

Guajiro yo que al boniato
lo vi con la piel quemada,
por la roja llamarada
que lo puso a arder un rato.
Guajiro yo que vi al gato
discutir con el ratón,
y he visto al buey de un halón
enderezar la chaveta,
el día que la carreta
se le atascó en un zanjón.

52

Mira si yo soy guajiro
y sé que a nadie le extraña
porque traigo gusto a caña
y a café servido en güiro.
Nacido en aquel retiro
lejos de la población,
donde el olor a carbón
a la campiña se aferra
y el dedo me sabe a tierra
del último tropezón.

53

Guajiro yo que cantaba
de noche en la sitiería
y la luna como el día
el camino me alumbraba.
Sentí que el perro ladraba
corriendo detrás de un gato,
y el bejuco del boniato
a veces vi de repente,
simulando una serpiente
enredada en el zapato.

54

Guajiro yo que al rocío
a veces vi en la mañana,
cual perlas de la sabana
escapándosele al río.
Vi que al guano del bohío
lo acaricia con ternura,
y a un ave desde la altura
la vi bajar a beber,
cada gota que al caer
es un río en miniatura.

55

Guajiro yo que vi al toro
desvelado tras la vaca,
como arrancaba la estaca
de un cabezazo sonoro.
Que oí las ranas a coro
anunciar el aguacero,
y el grito del carretero
retumbar en la llanura,
cuando enfrenta la aventura
de un camino majadero.

56

Yo recuerdo en mi niñez
a las flores del jardín,
el canto del tomeguín,
el arroyuelo y el pez.
Retornándome otra vez
por el anciano camino.
(Recuerdo aquel remolino
que sobre el monte se alzaba
y a veces me despertaba
la flauta del gallo fino.)

57

Yo recuerdo que pasé
una niñez confinado,
por la escuela adoctrinado
entre Camilo y el Ché.
Al máximo rechacé
con un ademán violento,
y me falta hasta el aliento
recordando aquel ayer,
porque el hombre debe ser
libre como el pensamiento.

58

Guajiro yo que vi el trillo
pisado por el becerro
y la yerba como un perro
lamiéndome el dobladillo.
Desde que era muy chiquillo
nuestros campos recorrí,
viendo como crece allí
alegremente el ateje
y con sus ramas protege
el nido del colibrí.

59

Guajiro yo que al cascajo
—piedra suelta en miniatura—
oí hablar con la herradura
quejándose desde abajo.
Guajiro yo que vi al gajo
amarillo del ciruelo,
empinándose hacia el cielo
como queriendo tocar
a la nube que al pasar
la cubre como un pañuelo.

60

Recuerdo ver los caminos
que ayer me vieron pasar
y sinsontes que al cantar
me alegraron con sus trinos.
Allí yo vi los vecinos;
allí yo vi la alborada;
allí yo vi la enramada
en un constante vaivén,
pero nunca escuché el tren
pitar en la madrugada.

61

Sabes por qué soy guajiro,
porque a la tierra me aferro
y sé cuando ladra el perro
adónde va a ser el giro.
Sé de tabaco y de güiro,
sé de coyunda y *balsón*,
sé de yugo y de aguijón,
sé de guataca y arado,
y sé cuando está cansado
el buey en el carretón.

62

Guajiro yo que bebí
agua fresca en la corriente,
de un arroyo transparente
que de niño conocí.
Al transitar por allí
con los bueyes y el arado,
iba sediento y cansado
al terminar la faena
y esa fue (es) el agua más buena
que en la vida me he tomado.

63

Sabes por qué soy guajiro,
porque nací en la campiña
y sabe a guayaba y piña
hasta el aire que respiro.
A nuestros campos admiro
por ser guajiro cubano,
sintiendo amor por el llano
por el zorzal y el sinsonte,
por los árboles del monte,
por el bohío y el guano.

64

Sabes por qué soy guajiro,
porque desde mi niñez,
he visto nadar al pez
rápido como un suspiro.
Toda su belleza admiro
sin olvidar una sola,
de la cabeza a la cola
tiene múltiples colores,
con un búcaro de flores
que se lo lleva la ola.

65

Sabes por qué soy guajiro,
porque entre el buey y el *balsón*,
el yugo y el carretón,
es el aire que respiro.
Tan veloz como un suspiro
oí el canto alabador,
del gallo madrugador
que por su garganta brota,
como la más dulce nota
de un reloj despertador.

66

Guajiro yo que he soñado
entre surco y camellón;
que soy solera y horcón
del verso mejor cantado.
Que soy el arte rimado
entre guitarra y laúd,
que dejé mi juventud
en noches de serenatas,
regalándole piñatas
de verso a la multitud.

67

Yo recuerdo el perro aquel
que la casa vigilaba,
mientras la noche llegaba
bajo su oscuro mantel.
Por naturaleza fiel
aunque le diera un boniato,
y aquellas veces que un gato
dejó el rastro en el camino,
usaba en el polvo fino
la brújula del olfato.

68

Guajiro yo que he podido
andar con la inspiración,
como el ala y el avión,
como el tambor y el sonido.
Dos pichones para un nido,
dos arrullos y un caudal.
dos sillones y un portal,
dos ríos de clara piel,
dos riendas para un corcel,
dos abejas y un panal.

69

Guajiro yo que en el río
desde niño me bañé
y por sus aguas nadé
entre el junco y el macío.
Guajiro yo que al bohío
le conozco los secretos,
y anduve los vericuetos
polvorientos del camino,
escuchando alegre el trino
de los zorzales inquietos.

70

Bajo la densa neblina
sobre el campo entre cipreses,
yo tenía muchas veces
que seguir a una gallina.
Por mantener la genuina
sangre, herencia familiar,
no me cansaba de andar
por el campestre reparto,
para, revisando el parto,
la cría garantizar.

71

Guajiro yo que viví
en el corazón del monte,
donde anidan el sinsonte,
el zorzal y el colibrí.
Guajiro yo que crecí
entre cedros y jocumas,
y bajo de las yagrumas
muchas veces me acosté
y cuando me desperté
rodeado estaba de plumas.

72

Guajiro yo que agarré
un gavilán por la cola
y al formar la batahola
de inmediato lo solté.
Guajiro yo que le sé
las jorobas a los trillos,
y que con los espartillos
los zapatos me enredaba
y por la noche escuchaba
el concierto de los grillos.

73

Guajiro yo que agarré
los cangrejos con las manos
y dentro de los pantanos
como un puerco me bañé.
Guajiro yo que sembré
yuca, malanga y boniato,
y enlacé el potro moato
que pastaba en la llanura
y le puse la montura
para cabalgar un rato.

74

Guajiro yo que sentí
los aguijones del frío,
agujereando el bohío
humilde donde nací.
Guajiro yo que viví
frente a los caminos reales,
y en esos días normales
de tardes maravillosas,
contemplé las mariposas
libando entre los rosales.

75

Guajiro yo que dormí
en una hamaca de saco
y una casa de tabaco
fue vivienda para mí.
Guajiro yo que sentí
cacarear a la gallina,
y en una envoltura fina
poner su mayor tesoro
y partir la soga el toro
cuando el amor lo domina.

76

Guajiro yo que almorcé
harina, leche y boniato
y le eché al perro y al gato
la comida que dejé.
Guajiro yo que escuché
el gallo en la madrugada,
anunciando la alborada
dándome un de pie sin par,
para un buen café colar
y comenzar la jornada.

77

El vaivén de la palmera
cuando la bate la brisa,
para mí es como la risa
de una niña quinceañera.
La ves en la cordillera
donde el rayo cruel la muerde,
y cuando el sol ya se pierde
por detrás del horizonte,
busca la cama el sinsonte
bajo su melena verde.

78

Me gusta por la mañana
ver la salida del sol,
y retomar el control
de mi labor cotidiana.
Oír cantar a la rana
cuando empieza el aguacero...
Tras recorrer el potrero
descansar como un chiquillo
y oír el chirriar de un grillo
por debajo del alero.

79

Me gusta al atardecer
ver el sol como se acuesta,
como él que estuvo de fiesta
y se quiere recoger.
Ver a los niños correr
bajo la noche montuna,
y contar una por una
las estrellas en el cielo
y echar un galope en pelo
alumbrado por la luna.

80

Yo recuerdo aquel momento
cuando con mi sangre brava,
a golpe de hacha cortaba
el árbol más corpulento.
Yo me encontraba contento
realizando mi labor,
y con aquel gran fervor
al llegar el mediodía,
la ropa me la exprimía
empapada de sudor.

81

Búscame en los intrincados
arrecifes de los montes,
donde cantan los sinsontes
que viven despreocupados.
Búscame en los perfumados
aguinaldos del batey,
o en ese anciano jagüey
que le da sombra al camino,
donde un feroz gallo fino
canta imponiendo su ley.

82

Búscame allá en el bajío
donde la palma se eleva,
rodeada de yerba nueva
mojada por el rocío.
Búscame junto al plantío
con el fruto en su sazón,
o en el viejo barracón
al terminar la jornada,
viendo la yunta cansada
tirando del narigón.

83

Búscame allá junto al río
donde bajan sus corrientes,
como líquidas serpientes
que vienen del lomerío.
Búscame en el veguerío
en esas tardes soleadas,
o en esas noches calladas
perfumadas de carbón,
donde las estrellas son
faros en las madrugadas.

84

Gaspar Ortega, Gaspar
Verdecias Sánchez Cabrera,
yo nací en la cordillera
de mi querido Pinar.
Mi vida fue transitar
por veredas y caminos,
y extasiado por los trinos
melodiosos del sinsonte,
y mi distracción era el monte
cuidando mis gallos finos.

85

Me gusta por las mañanas
llegar a la gallería
y sentir la algarabía
como sonar de campanas.
Internarme en las sabanas
donde canta el tomeguín,
y escuchar como un violín
el canto de las tojosas
y ver a las mariposas
en las flores del jardín.

86

Soy de donde la vallada
la distancia la hace breve
y paso a paso remueve
toda la tierra empastada.
De donde la madrugada
se perfuma de carbón,
de donde el toro pichón
le hace el amor a la vaca,
donde el hombre y la guataca
parecen un camellón.

87

Búscame al atardecer
junto a las lidias de gallos
que arremeten como rayos
a ver quién puede vencer.
Búscame al amanecer
camino a la sitiería,
saludando un nuevo día
cuando apenas el sol despunta,
para enyugar a la yunta
y echar maíz a la cría.

88

Recuerdo aquel viejo arado
que tanto quiso mi abuelo,
como desgarraba el suelo
por el buey siendo tirado.
Allí quedó abandonado
encima de un camellón,
sin la reja y sin timón
como el soldado que se halla
en medio de una batalla
sin balas y sin cañón.

89

Guajiro yo que amarré
el toro más bravo y fiero
y como un hábil montero
la furia le controlé.
Guajiro yo que crié
bajo gajazón y tallo,
el más aguerrido gallo
que tanto valor derrocha
y también hice una brocha
de la cola del caballo.

90

Volviendo al viejo chiquero
aparece en mi memoria
aquel cerdo, cuya historia
cuidaba con tanto esmero.
Con un afán verdadero
crecía saludable y fuerte,
y miren qué mala suerte
le dio la vida a ese ser,
que nos invitó a comer
con el grito de la muerte.

91

El perro tiene ese don
de vigilar amarrado,
para que el dueño confiado
se acueste sobre el colchón.
Pero si viene un ladrón
bajo la noche sombría,
se forma una algarabía
cuando comienza a ladrar;
si el pobre supiera hablar,
no pienso que ladraría.

92

Si vas al cabo a pescar
verás al atardecer,
saliendo para comer
muchos cangrejos del mar.
Es algo espectacular
que verlo vale la pena.
Con una voluntad plena
un encaje van tejiendo,
cual si fueran escribiendo
con las patas en la arena.

93

Desde niño me crié
entre caballos y vacas
entre bejucos y estacas,
entre tabaco y café.
Entre guateque y bembé,
entre cañas y guarapos
y entre ranas, gusarapos
creció mi vida en derroche,
escuchando noche a noche
el concierto de los sapos.

94

Tú no has visto al gavilán
planeando sobre la altura,
buscando en la tierra dura
una presa con afán.
Los pollos alegres van
piando su dulce suerte,
sin saber que un pico fuerte
les va a quitar el aliento,
al bajar surcando el viento
el abrazo de la muerte.

95

En una noche montuna
yo he visto a la escurridiza
lechuza pasar con prisa
bajo la luz de la luna.
Tan hábil como ninguna
cazadora peregrina,
y vi subir con inquina
al salir del laberinto,
al majá y ponerle un cinto
asfixiante a la gallina.

96

En esta breve jornada
de recuerdos que anduvimos,
juntos los dos coincidimos
en nuestra historia pasada.
Sin querer olvidar nada
fue un viaje espectacular.
Fuimos del monte hasta el mar
montando en un hábil potro...
Pero nunca he visto otro
guajiro como Gaspar.

Índice